LA RESIOVISSANCE

DES HARANGERES
ET POISSONNIERES
des Halles de Paris.

SVR LES DISCOVRS
DE CE TEMPS.

LE LOVRDAVT, PERNELLE, BARBE, LAMBIN.

M. DCXIIII.

LA RESIOVISSANCE
des Harangeres & Poisson-
nieres des Halles,

*Sur la reconciliation de Meßieurs
les Princes.*

ERNELLE, Nos cœurs eſtoient de-uenus tellement aſ-ſopis par l'abõdan-ce des larmes qui auoient decoulé de nos yeux, qu'il ſembloit que nos ames euſſent des-ja abandonné leurs corps: & l'aprehenſion dont nos eſprits fu-rent ſaiſis, de nous voir reduites dans vne mer de malheurs , qui euſt englouty en vn coup toutes nos ioyes , & ne nous euſt laiſſé que le reſſouuenir des paſſees, qui

A 2

euſſent eſté autant de coups de
couſteau dans nos poitrines, plus
difficiles à guarir que les coups
d'eſtocade que nous receuons les
vnes des autres, quant nous ſom-
mes en nos cantons. Halle de Pa-
ris ſi ceſt aſſopiſſement euſt duré
tu eſtois en danger d'eſtre delaiſ-
ſee de noſtre trouppe, non pas
Angelique, mais Harangerique.
Que de bons & anciens prouer-
bes ſe fuſſent perdus & mis en ou-
bly. Que fuſſent deuenus nos ar-
mes offenſiues, & deffenſiues, deſ-
quelles nous nous ſeruons iour-
nellement en nos aſſauts, & qui
ſont r'enfermees dans l'Arcenal
de nos bônes langues. Subtils cou-
peurs de bources voſtre Aouſt
eſtoit fait en nos terres, il vous euſt
falu moiſſonner ailleurs. Et vous

Meſ

Messieurs les Mareschaux voftre
procez euft efté gaigné : Car les
Chambrieres n'euffent plus en-
trepris fur voftre meftier , vous
euffiez auffi toft ferré le cheual
que la mulle. Aga hé, comment la
chance a tourné, i'eftions hier en
guerre & auiourd'huy en paix, Par
fainéte Marande noftre eftat eft
bien changé, nos maris font reue-
nus de la guerre fans coup frap-
per, ils nous doiuent bien des ar-
rerages, dont nous ferons payez à
la monftre. Car maintenant que
nous leur en demandons le paye-
ment ils nous r'enuoyent au Ca-
landrier des Grecs. Mais cepen-
dant que nous les tenons il faut
qu'ils facent paction auec nous,
Qu'et'en femble Dame Barbe.

BARBE, Quant est de moy ie sçay
bien en quelle monoye ie me dois faire payer. Ce ne sera pas tout en vn
coup, car ce seroit fouler mon hoste.
Ains me feray augmenter l'ordinaire
comme i'ay dés-ja commencé depuis
le bruict de la paix, que mon mary est
reuenu. Tellement que dedans peu de
iours il en demeurera quite: Que ceste
rodemonsarde, dis je rodemontade
de guerre, m'a esmeu les sens, ie ne cō-
mence encores qu'a me rauoir. Regar-
de comme ma face qui souloit estre ru-
biconde est changee en vn teint passe
& defait. Par le liard qu'vne bourgeoi-
se m'offrir hier sur le marché d'vn autre qui marchandoit vn maquereau
fort a son goust, iele feray bien reuenir
ce teint vermeil en despit de la guerre
tant ie la hay, auons nous la paix tout
de bon Dame Pernelle, dis man ton
aduis.

PERNELLE, Tu t'en peux tenir
pour toute asseuree que nous l'auons a
ce que i'ay entendu dire ce matin. Car
il n'y a point de guerre, ce bruit qui
nous a effrayé ne prouenoit d'autre
chose

chose sinon que la cornemuse de quel-
qu'vn n'estoit pas plaine, qui faisoit de
faux accords, qui ont par leur mauuaise
armonie troublé tout nostre mystere,
il faut que ie te raconte que l'autre iour
Lambin nostre gros & gras varlet vint
auec nous promener en l'isle maque-
relle, ou il s'y trouua presque toute les
plus renōmées Harágeres & Poisson-
nieres de nostre halle, accompagnées
d'vn nombre de bons compagnōs. Ce
pauure Lambin nous fit dancer auec sa
musette, car il en ioüe bien, & encores
mieux de la trompe da., nous estions
toutes emburluquoquees du trauail
que nous auoyent donné ces bons cō-
pagnons qui nous vouloyent donner
la cotte verte, Quant il ioüoit des gail-
lardes nous dancions les branssés de
Poitou, il suruint sur ces entrefaites vn
gros lourdaut qui auoit plustost la mi-
ne d'vn soldat retiré de la meslee, que
d'vn moulin à vent, & sembloit auoir
plus beu que ie ne luy en auois versé,
demandant vne courante pour sa mai-
stresse, qui le poussa si doucement sur
nostre musette qu'il rompit le soufflet,

telle

tellement que la dance fut faillie iuſ-
ques à ce que le ſoufflet fuſt racouſtré.

B A R B E, Vramant tu m'as faict vn
plaiſant diſcours qui me donne enuie
de rire, il ny a plus de danger puis que
tu m'aſſeure de noſtre repos, qui dure-
ra poſſible tant que ceſte cornemuſe
ſera plaine. Laquelle venāt à ſe deſem-
plir les faux accords recommancerōt,
Ne parlons plus que de nous reſiouyr,
nous auons ploré pour vne bonne fois
pendant l'abſence de nos maris. Par
ſaincte Barbe dōt ie porte le nom, s'eſt
trop filer ſans mouiller, veux tu prendre deux doigts de patience pour aual-
ler l'amertume de nos larmes, mais ce
n'eſt pas tout, voicy la ſainct Saturny
qui s'approche, il faut faire partie pour
aller à Gentilly, que i'auois peur de ny
point aller ceſte annee. En ſeras-tu pas
commére.

P E R N E L L E, Ouy parmanda & ſi il
faut que nos maris en ſoient, car ils
dancent bien, & ſi ils nous feront voir
la fueille à l'enuers.

B A R B E, Voires mais auant que faire ce pelerinage il nous faut aller toutes

tes enſemble voir la Dame du bain qui
chauffe, ie ne ſçay ſi elle eſt morte ou
en vie, oncques depuis ny fuſmes que
Dame Paſquette y eſtoit auec ſes feſſes
rebondies, qui nous fit tant rire que
nous euſſions piſſé dans nos chauſſes, ſi
nous n'euſſions eſté toutes nuës.

PERNELLE, Par S. Iean ta raiſon
eſt fort bonne, mon eſquipage eſt tout
preſt il y a quatre mois paſſez. Ie feray
bien gaigner mon argent à ceſte Dame du bain qui chauffe, car i'ay trois
doigts de craſſe ſur ma mothe, qui eſt
ſi chenuë que iamais la Damoiſelle de
Gueridon qui s'en faict des gerrieres
ny fiſt œuure. Ie me cotiſe pour ma
part a demy douzaine d'eſcus, pourueu
que ie ſois frottee haut & bas, ce m'eſt
peu de choſe, d'autant qu'a ces Roga-
tions dernieres i'ay gaigné tous frais
faits quatre vingts dix neuf liures dix-
neuf ſols vnze deniers, Dieu mercy &
les marchans de poiſſons d'eau douce,
qui n'en ont gueres amené.

BARBE, par S. Iambon de Majance
dont i'eſpere me feſtiner, ie ne ſuis pas
vilaine pour vn petit, i'en dōneray bien

autant que vous, que checune en face
le semblable, il y aura dequoy faire vn
banquet qui sera meilleur que de cer-
neaux.Nous chasserons melancolie &
prendrons le bon goust, il m'ennuye
que ie n'y sois,tant i'ay d'enuie de m'es-
claircir le museau que i'ay tout terne à
faute de celebrer la feste de Bacchus:
C'est de plus loin qui me souuienne
d'auoir beu du vin qui m'ait touché
iusques au cœur.

   PERNELLE,Quoy cest tout à bon
que tu le dis,auant que ie partiōs d'ensemble nous ferons gaudeamus, aussi
bien mon mary ny est pas,voicy vn ra-
ble de Lieure en paste qui est de haut
goust,il ne nous dōnera point lauastost
estant abreuué d'vne bouteille de vin
d'Irancy que i'ay ennoyé querir par
l'aduis d'vn Medecin, pour desseicher
l'humidité que m'a causee ce vin enra-
gé qui se tire à force de bras:Mais c'est
le ventre de ma mere, ie ny retourne
plus. Orsus boy à la paix,ie te vois
pleiger.

   BARBE, Est-cela du vin des lai-
ctiere, n'est-il qu'à seize, par ma foy ie

ne

ne sçaurois tant ouyr de bruict , pre-
nons pacience.

PERNELLE , Que te semble-il de
ce pasté, viue le Roy & la paix, il ny a
point d'alumettes tant seiches soyent
elles qui puissent attirer si subtilement
a elles le feu que ce pasté engendre la
goutte.

BARBE, Quitons pour ceste heure
la partie , craignant que le feu ne se
mette au Palais,toute la source d'Irancy ne seroit pas suffisante de l'estaindre.

PERNELLE,Pourquoy t'en veut tu
aller , ceste liqueur ne te semble telle
pas bonne,si ie continuois quinze iours
de suitte à me rembourer l'estomach
de tels medicamens contraires à l'hi-
dropisie dedans huict iours apres i'au-
rois repris mon premier embon point.
Il n'est chere que de commere quant
elles sont ensemble, & que leurs maris
ny sont pas, qu'en dis-tu tandis que i'y
sommes,ie ne pouuons moins.

BARBE,I'approuue ton dire,neant-
moins les maris sont tousiours les mai-
stres, & nous enuoyent quelquesfois à
Dourdan,sans cela les femmes seroient

trop heureuſes.

PERNELLE, Tu reuiens touſiours à tes moutons , parlons de ma
beauté, i'orons bien toſt fait.

BARBE, Tu as raiſon , d'autant
que tes ioües ſont bien plattes , il pa-
roiſt bié que tu n'as pas touſiours ban-
queté, ta commere Babille m'en faiſoit
l'autre iour ſes plaintes, ie trouue qu'elle en a plus d'occaſion que toy , car on
la prendroit pluſtoſt pour vne Harpie
que pour la groſſe Haragere , tant elle
eſt ſeiche & aride : à peine ſe peut elle
rauoir.

PERNELLE, Ho ho, ie ne ſuis
pas de meſme , & ſi ie me plains fort,
mais quoy chacun à ſon chore. As tu
entendu parler du mariage de Pierre
du Puis, & de la crieuſe d'alumettes.

BARBE, Non.

PERNELLE, Qui te la dit, com-
mēt cela c'eſt-il peu faire ſans en auoir
dit ton opinion.

BARBE, Tu me fais rire , ſe paſſe
il rien que ie ne ſçache , ie ne m'infor-
me point des affaires d'Eſtat, de qua-

queter

queter on ne m'entend non plus que
les poulles qui ont nouuellement pon-
du : C'est pourquoy on m'appelle à la
Halle la muette , nom qui me demeurera, vsque ad finem.

PERNELLE, Nostre Dame, aga
tu parle Latin , & de qui l'as-tu apris,
cela ne vient pas de ton talon , il faut
qu'il viéne de plûs haut. N'as-tu point
autre fois hanté ses grands Scolares du
College de Tout luy faut.

BARBE, Ne te souüient-il pas
m'auoir veuë vendant maree à la place
Maubert, ce fut en ce temps là que i'a-
pris ce bon Latin. Il y eust vn Cuistre
qui achepta de moy vne raye vieille
puante que ie luy gardois de quinze
iours, à cause de la cognoissance de laquelle il eust bon marché, car on le sen-
toit bien, il me dit qu'il seroit tousiours
mon chalant, vsque ad finem. Ce que
ie ne laissa pas tomber à terre, & du depuis en ay fait mon profit côme tu vois.

PERNELLE, Qui t'a fait sortir
de ce bon quartier duquel les pauez
parlent Latin , ny faisois-tu pas bien
ton profit.

BARBE, Ouy.

PERNELLE, Et doncques le subject.

BARBE, La renõmee de ce Pierre du Puis, dont tu me parlois nagueres en fut la cause, d'autant que ce petit mignon de couchette, l'Adonis des Harangeres & Poiſſonnieres de la Halle ne venoit tendre ſes filets en la place Maubert pour y prendre les pies coiffees, l'enuie de le voir auec ſon grand & gros que ie n'oſe nommer, qui baloque entre ſes iambes, me feiſt eſtre des voſtres pour en aſſouir mon deſir, tant ceſt vn beau gros mambre.

PERNELLE, Tu m'en fais venir l'eau à la bouche, tu en es ſoule maintenant, il ne faut plus parler de luy, puis qu'il à vne femme, elle entreroit poſſible en ialouſie, dequoy il pourroit ariuer quelque priſe de cheueux ou droit d'ongles, parauanture ſerions nous les plus fortes pour porter les coups. Si faut-il que toy qui le gouuerne, & qui as pris tant de peine pour luy, le faſſe trouuer à l'aſſemblee que nous auons propoſee de faire aux Eſtuues pour

ren

rendre la feſte parfaite. Ie ſeray la pre-
miere qui t'en remercira.

BARBE, I'ay la pepie a faute de
boire, ny a-il plus riẽ à la bouteille, i'ay
encores vn morceau de paſté, ſi faut-il
moüiller la bouche.

PERNELLE, Et de mon reſte
Nazum Candere. Ie parle auſſi bien
Latin cõme toy, ie voy bien qu'il t'ennuye, auons-ie pas fait vn beau feſtin &
à peu de frais. En deſpit de la guerre il
faut que la reconciliation de Meſſieurs
les Princes enuers le Roy ſoit celebreę
entre nous auec plus grãde ſolemnité.
Le iour en ſera deliberé Samedy pro-
chain, par la compagnie qui s'aſſem-
blera pour ceſt effeƈt, au lieu que cha-
cune de nous n'ignore pas. Et ce pendant nous prierons Dieu pour le Roy,
la Royne Regente ſa mere, & pour la
paix, de nous tant deſiree.

F I N.

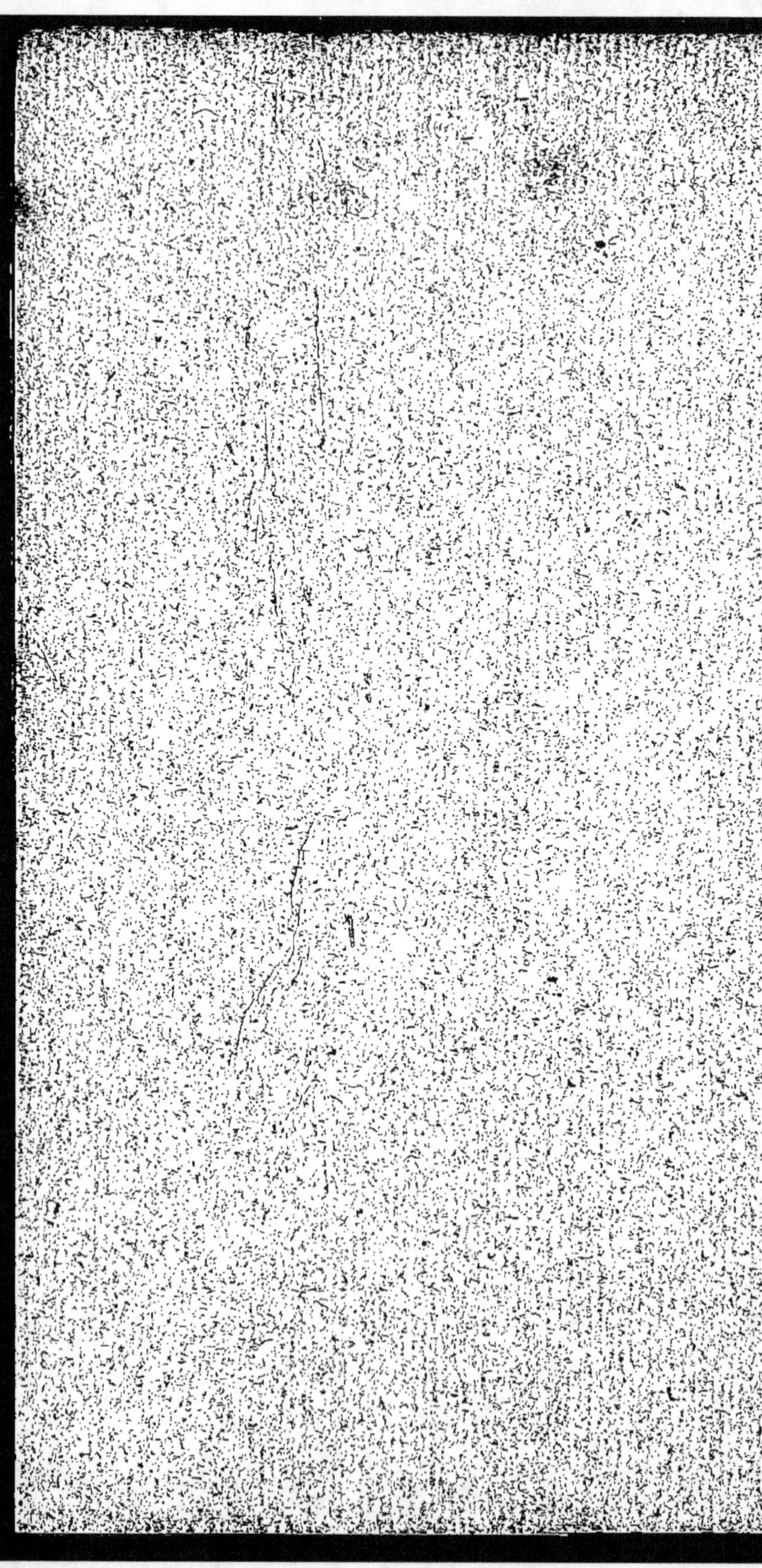